BEI GRIN MACHT SICH IHR WISSEN BEZAHLT

Stephanie Kugele

Korrektes Ausfüllen eines Bestellscheins für Büroartikel (Unterweisung Bürokaufmann / -frau)

GRIN Verlag

Bibliografische Information der Deutschen Nationalbibliothek:

Die Deutsche Bibliothek verzeichnet diese Publikation in der Deutschen National-
bibliografie; detaillierte bibliografische Daten sind im Internet über http://dnb.d-
nb.de/ abrufbar.

Impressum:

Copyright © 2007 GRIN Verlag GmbH
Druck und Bindung: Books on Demand GmbH, Norderstedt Germany
ISBN: 978-3-638-75520-7

Dieses Buch bei GRIN:

http://www.grin.com/de/e-book/73530/korrektes-ausfuellen-eines-bestellscheins-
fuer-bueroartikel-unterweisung

GRIN - Your knowledge has value

Der GRIN Verlag publiziert seit 1998 wissenschaftliche Arbeiten von Studenten, Hochschullehrern und anderen Akademikern als eBook und gedrucktes Buch. Die Verlagswebsite www.grin.com ist die ideale Plattform zur Veröffentlichung von Hausarbeiten, Abschlussarbeiten, wissenschaftlichen Aufsätzen, Dissertationen und Fachbüchern.

Besuchen Sie uns im Internet:

http://www.grin.com/

http://www.facebook.com/grincom

http://www.twitter.com/grin_com

Korrektes Ausfüllen eines Bestellscheins für Büroartikel (Unterweisung Bürokaufmann/ -frau)
von
Stephanie Kugele

Inhaltsverzeichnis

1 Vorbemerkung

1.1 Einordnung des Themas

Die beiden Auszubildenden befinden sich ganz zu Beginn ihrer Ausbildung in ihrer ersten Fachabteilung, der Buchhaltung. In der Bechtle AG werden alle Büroartikel mittlerweile über das Internet bestellt. Dennoch ist es als Einstieg in die Internetbestellung sehr sinnvoll einen Bestellschein korrekt ausfüllen zu können. Auf diese Art und Weise lernen die Auszubildenden die notwendigen Formalitäten beim Ausfüllen von Bestellscheinen kennen ohne von Anfang an mit den speziellen Tücken des Internets kämpfen zu müssen. Diese Grundlage wird ihnen später beim eigenständigen Bearbeiten von Internet-Bestellscheinen sehr nützlich sein. Als zusätzliche Motivation können sie das erlernte Wissen auch privat anwenden und eigene Bestellungen (mit Einverständnis der Erziehungsberechtigten) mühelos und korrekt tätigen.

1.2 Adressatenanalyse

Die beiden 16-jährigen Auszubildenden befinden sich im vierten Monat des ersten Ausbildungsjahres zum Bürokaufmann. Sie haben die Realschule mit einem guten Abschluss beendet und absolvieren nun ihre Ausbildung bei der Bechtle AG. Zu Beginn der Ausbildung werden sie in der Buchhaltung eingesetzt und erlangen dort nun erste Erfahrungen. Sie besitzen keinerlei Vorbildung im Bereich Buchhaltung und haben noch keine Bestellung aus einem Katalog oder über das Internet gemacht.

Die Auszubildenden sind zuverlässig, zuvorkommend sowie gewissenhaft. Die ihnen übertragenen Aufgaben werden ordnungsgemäß und zur vollsten Zufriedenheit erledigt. Gegenüber Mitarbeitern sind sie stets freundlich und hilfsbereit.

1.3 Lernort

Für die Unterweisung wurde ein kleines Besprechungszimmer des Unternehmens gewählt. Hier besteht die Möglichkeit ungestört das Thema durchzusprechen. Durch die großen Fenster wird der Raum mit Tageslicht gut ausgeleuchtet und wirkt hell und freundlich. Die Ausstattung ist sehr modern gehalten. Besonders viel Wert wurde auf die Qualität der Tische und Stühle gelegt. 15 Minuten vor der Unterweisung wurde der Raum gelüftet um ein gutes Raumklima zu schaffen. Die Auszubildenden sitzen links von der Ausbilderin, damit beide einen guten Blick auf die Unterweisungsunterlagen haben.

1.4 Ausbildungsmittel und zeitlicher Rahmen

Für die Auszubildenden liegen Kugelschreiber, Büroartikelkataloge und Taschenrechner, sowie Bestellformulare bereit. Zwei Übungsbeispiele mit je 5 Artikeln wurden vorbereitet. Das erste Beispiel wird zu Demonstrationszwecken verwendet. Anschließend sollen die Auszubildenden unter Anwesenheit der Ausbilderin einen Bestellschein mit gegenseitiger Unterstützung fehlerfrei ausfüllen. Für die Unterweisung sind ca. 15 Minuten geplant. Um eine hohe Konzentration von den Auszubildenden erwarten zu können, findet die Unterweisung morgens, zwischen 9:00 Uhr und 10:00 Uhr, statt. In dieser Zeit ist die Aufnahmefähigkeit am größten. Es wurde hier ein Dienstag ausgewählt, da die Auszubildenden den Einstieg in die Arbeitswoche bereits gefunden haben und sich auf spezielle Themen konzentrieren können.

1.5 Didaktische Analyse

Die verschiedenen Lernziele werden in einer Lernzielkette zusammengefasst. Das Richtlernziel besteht darin den Auszubildenden bürowirtschaftliche Abläufe näher zu bringen. Das Groblernziel ist den Auszubildenden Verwaltung von Büromaterial beizubringen. Das Feinziel der didaktischen Analyse ist es, dass die Auszubildenden einen Bestellschein korrekt ausfüllen können. Die Lernzieloperationalisierung lautet hierbei wie folgt: Die Auszubildenden sollen in der Lage sein innerhalb von ca. zehn Minuten, mit den zur Verfügung gestellten Daten, einen entsprechenden Bestellschein korrekt auszufüllen.

2 Unterweisung mit Hilfe der „Vier-Stufen-Methode"

(2.1) Motivation und Vorbereitung

(2.2) Gemeinsame Erarbeitung mit Hilfe eines Beispiels

(2.3) Anwenden des Erlernten durch die Auszubildenden

(2.4) Kontrolle des Ergebnisses / selbstständiges Anwenden und Üben

2.1 Motivation und Vorbereitung

In der Motivations- und Vorbereitungsphase ist es besonders wichtig, eine angenehme Arbeitsatmosphäre zu schaffen, die die Anspannung der Auszubildenden löst. Zu Beginn dieser Phase stellen sich sowohl die Ausbilderin selbst als auch die Auszubildenden gegenseitig vor. Um die Sache zu vereinfachen bekommt jeder ein selbst beschriftetes Namensschild. Im Folgenden stellt die Ausbilderin auflockernde Fragen zum bisherigen Verlauf der Ausbildung und dem Befinden der Auszubildenden um eine Vertrauensgrundlage herzustellen. Anschließend wird die Ausbilderin den Auszubildenden das Thema, das im Anschluss unterwiesen werden soll, vorstellen und die Bedeutung erläutern. Dies soll die Auszubildenden motivieren und ihre Lernbereitschaft fördern. Während der Erläuterung kann die Ausbilderin eventuell bestehende Vorkenntnisse erfragen. Gegen Ende der Motivationsphase beschreibt die Ausbilderin das Lernziel.

2.2 Gemeinsame Erarbeitung mit Hilfe einer Beispielbestellung

Zunächst erklärt die Ausbilderin ausführlich die Vorgehensweise beim Ausfüllen eines Bestellscheines. Das Beispiel dient dazu, dass die Ausbilderin gemeinsam mit den Auszubildenden die Lerninhalte erarbeitet. Während der Übung stellt die Ausbilderin Fragen um sicherstellen, dass die Auszubildenden auch verstanden haben was sie tun sollen. Sollten Verständnisschwierigkeiten auftreten, wird dieser Teil wiederholt und aufkommende Fragen werden direkt besprochen.

2.3 Anwendung des Erlernten

In dieser Phase sollen die Auszubildenden das zuvor Erlernte selbstständig anwenden und eine abgewandelte Aufgabe bewältigen. Die Ausbilderin stellt hierzu die Aufgabe nochmals kurz vor und beantwortet alle Fragen der Auszubildenden hierzu. Sobald die Fragen geklärt sind, beginnen die Auszubildenden mit der Aufgabe, wobei die Ausbilderin unterstützend zur Seite steht. Auszubildender 1 sucht die entsprechenden Daten aus und erklärt Auszubildendem 2 an welcher Stelle er was eintragen muss, anschließend wird dies umkehrt durchgeführt. Wenn die Auszubildenden den Sachverhalt mit eigenen Worten wiedergeben können, kann die Ausbilderin sicher sein, dass die Auszubildenden alles verstanden haben.

2.4 Kontrolle des Lernziels, selbstständiges Anwenden und Üben, sowie abschließende Motivation

Zum Abschluss kontrolliert die Ausbilderin den ausgefüllten Bestellschein und stellt hierbei fest, ob die Inhalte des Lernziels erfolgreich vermittelt wurden. Aufgetretenen Fehler geht die Ausbilderin zusammen mit den Auszubildenden auf den Grund und versucht diese zu beheben. Die Ausbilderin lobt die Auszubildenden am Ende des erfolgreich ausgefüllten Bestellscheins und erkennt deren Leistungen an, um diese für weitere Aufgaben zu motivieren. Die Ausbilderin teilt den Auszubildenden mit, dass zu Übungszwecken bereits weitere Übungsbeispiele am Arbeitsplatz der Auszubildenden hinterlegt sind.

Ebenfalls sollen die Auszubildenden diese Unterweisung in ihre Berichtshefte eintragen und am nächsten Tag zum Abzeichen der Ausbilderin vorlegen.

3 Zeitplan

	Phase	Ziel	Inhalt	Kommuni-kation	Hilfsmit-tel	Zeit
1	**Begrüßung und Motivation**	Herstellen des persönlichen Kontakts, Abbau von Nervosität und gegenseitiges Kennenlernen	Begrüßung, gegenseitiges Vorstellen und Kennenlernen	Dialog	Keine	2-3 Min.
	Vorstellen des Themas	Lern- und Unterweisungsziel erklären	Nennen des Themas und Erfragen der Vorkenntnissen	Dialog	Keine	1 Min.
	Motivation	Praxisbezug herstellen, Bedeutung des Themas erläutern, Vertrauen schaffen	Warum sollte man einen Bestellschein korrekt ausfüllen können?	Dialog	Keine	1 Min.
2	**Gemeinsame Erarbeitung**	Gemeinsames Ausfüllen und Überprüfen des Bestellscheins	Gemeinsames Erarbeiten des Beispiels, Ausfüllen des Bestellscheins	Dialog, Fragen des Azubis beantworten	Bestellschein, Katalog, Taschenrechner Vorgaben	5 Min.
3	**Selbstständige Erarbeitung**	Eigenständiges Ausfüllen eines Bestellscheins nach Vorgabe	Anwenden der erworbenen Kenntnisse durch Lösen der Aufgabe	Selbstständiges Ausfüllen durch die Auszubildenden und evtl. Beantwortung von Fragen	Bestellschein, Katalog, Taschenrechner, Vorgaben	5 Min.
4	**Abschluss und Übungen**	Eigenständiges Ausfüllen eines Bestellscheins nach Vorgabe am Arbeitsplatz	Anwenden der erworbenen Kenntnisse durch Lösen der Aufgabe	Selbstständiges Ausfüllen durch die Auszubildenden	Bestellschein, Katalog, Taschenrechner, Vorgaben	

4 Anhang

4.1 Vorgaben Beispiel I

Name des Bestellers: Stephanie Kugele
Position: Mitarbeiter Personalwesen
Anzahl der Mitarbeiter: 105
Branche: Handel EDV
Datum: 29.03.2007
Kundennummer/Int. Nr.: 12345678
E-Mail: stephanie.kugele@x.com
Telefon mit Vorwahl: 8
Fax mit Vorwahl:

Artikel:

Seite	Menge	Einheit	Bestellnummer	Bezeichnung	E-Preis	Gesamt-warenwert
24	1	Pack	M56-32684-LG	PC-beschriftbare **Rücken-schilder**, kurz, breit, lichtgrau	12,99 €	12,99 €
157	1	Pack	M56-22938	**Fineliner „Point 88"** 20-er-Pack „Kreativ"	5,59 €	5,59 €
159	1	Pack	M56-37643	**BOSS „Original"**, 6er-Pack	3,29 €	3,29 €
165	2	Stück	M56-40301	OTTO Office-**Kunststofflineal** 30 cm	0,39 €	0,78 €
171	1	Stück	M56-59304	**Collegeblock**; DIN A4, liniert	1,59 €	1,59 €
				Frachtpauschale unter 45 € netto		2,27 €
				Gesamt netto		**28,78 €**

4.2 Musterlösung Beispiel I

4.3 Vorgaben Beispiel II

Name des Bestellers: Markus Martin
Position: Mitarbeiter Vertrieb
Anzahl der Mitarbeiter: 150
Branche: Handel EDV
Datum: 29.03.2007
Kundennummer/Int. Nr.: 87654321
E-Mail: markus.martin@x.com
Telefon mit Vorwahl:
Fax mit Vorwahl:

Artikel:

Seite	Menge	Einheit	Bestellnummer	Bezeichnung	E-Preis	Gesamt-warenwert
25	1	Pack	M56-46737	LEITZ **Inhaltsschilder** "Jahreszahl 2006"	4,19 €	4,19 €
26	10	Stück	M56-49041-SZ	LEITZ **Standardordne**r „1080" Rückenbreite 80 mm schwarz	2,19 €	21,90 €
50	10	Stück	M56-25634	LEITZ **Kunststoffregister** 24-tlg. A-Z	2,55 €	25,50 €
137	1	Stück	M56-22831-BU	LEITZ **Bürolocher** „5008" blau	4,89 €	4,89 €
219	1	Pack	M56-58961	**Briefumschläge** DIN lang mit Fenster	14,49 €	14,49 €
					Gesamt netto	**70,97 €**

4.4 Musterlösung Beispiel II

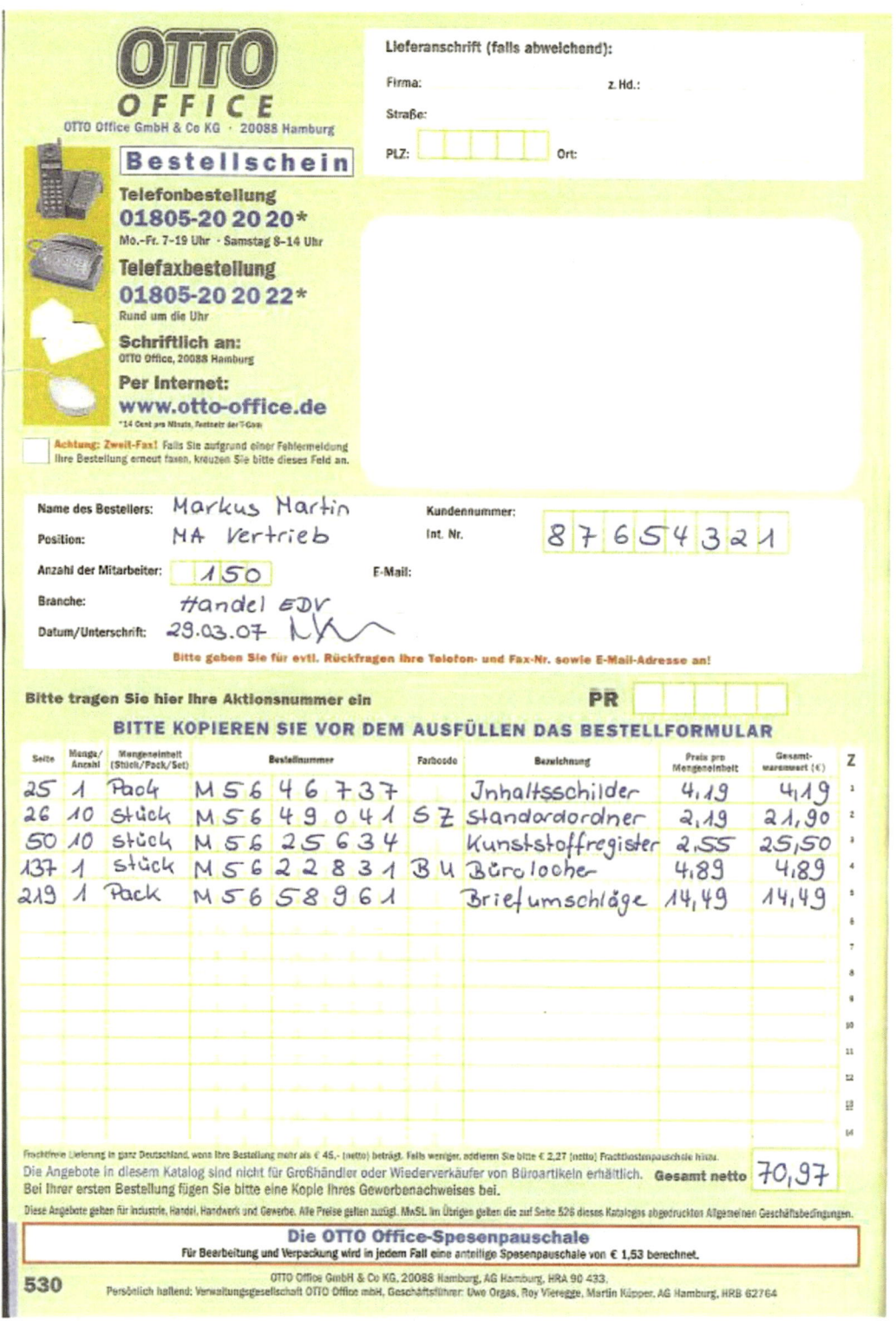

4.5 Seite 25 aus OTTO-Office-Katalog

4.6 Seite 26 aus OTTO-Office-Katalog

4.7 Seite 50 aus OTTO-Office-Katalog

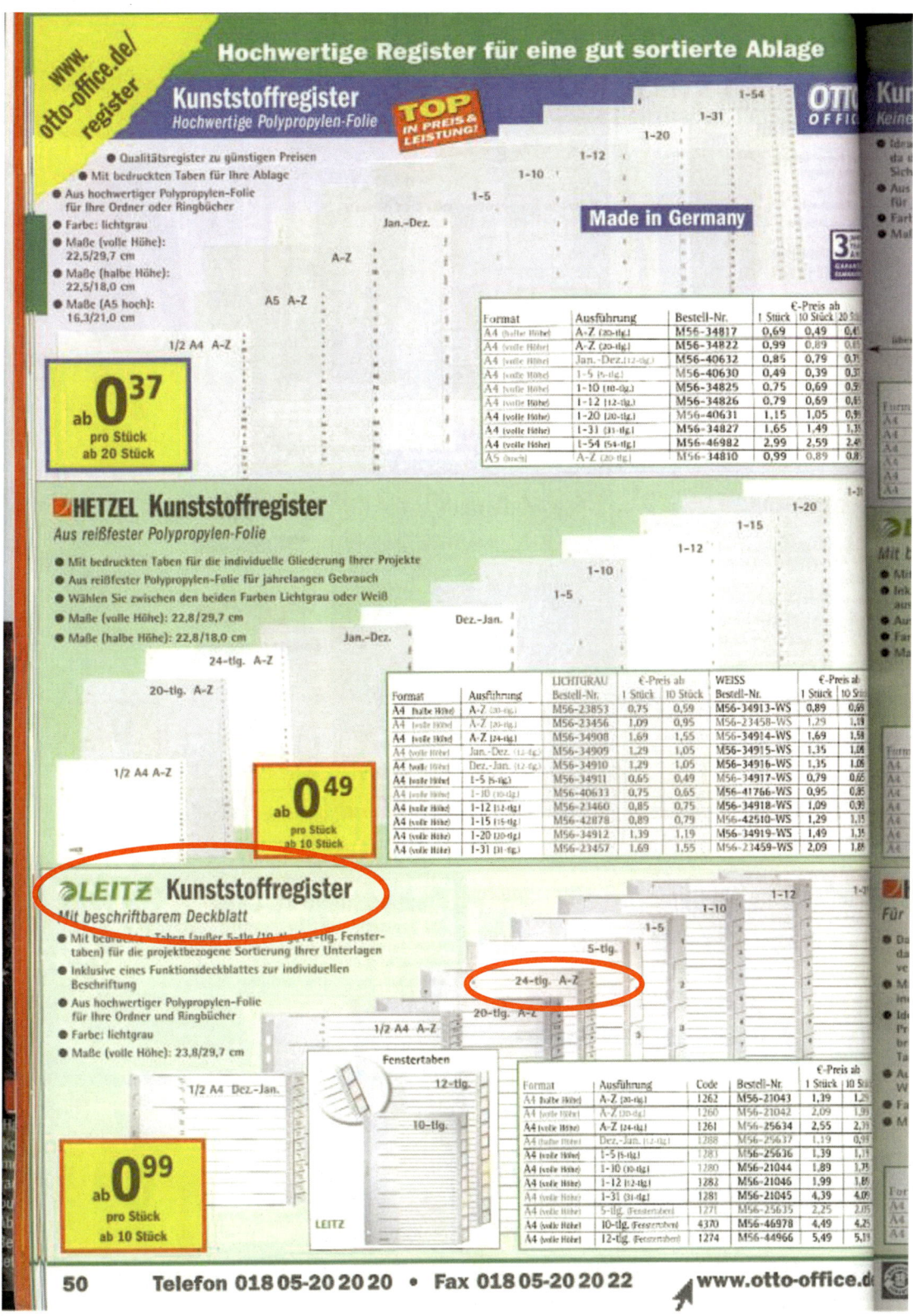

4.8 Seite 137 aus OTTO-Office-Katalog

4.9 Seite 219 aus OTTO-Office-Katalog